函谷关

○ 主编 金丌诚

○ 编著 常米乐

吉林出版集团有限责任公司

吉林文史出版社

图书在版编目（CIP）数据

函谷关 / 常米乐编著. —— 长春

吉林出版集团有限责任公司,2011.4 (2023.4重印)

ISBN 978-7-5463-4979-4

Ⅰ. ①函… Ⅱ. ①常… Ⅲ. ①函谷关-简介 Ⅳ. ①K928.77

中国版本图书馆CIP数据核字(2011)第053377号

函谷关

HANGUGUAN

主编/ 金开诚　编著/常米乐

项目负责/崔博华　责任编辑/崔博华　王凤翎

责任校对/王凤翎　装帧设计/李岩冰　董晓丽

出版发行/吉林出版集团有限责任公司　吉林文史出版社

地址/长春市福祉大路5788号　邮编/130000

印刷/天津市天玺印务有限公司

版次/2011年4月第1版　印次/2023年4月第5次印刷

开本/660mm×915mm　1/16

印张/9　字数/30千

书号/ ISBN 978-7-5463-4979-4

定价/34.80元

前 言

　　文化是一种社会现象，是人类物质文明和精神文明有机融合的产物；同时又是一种历史现象，是社会的历史沉积。当今世界，随着经济全球化进程的加快，人们也越来越重视本民族的文化。我们只有加强对本民族文化的继承和创新，才能更好地弘扬民族精神，增强民族凝聚力。历史经验告诉我们，任何一个民族要想屹立于世界民族之林，必须具有自尊、自信、自强的民族意识。文化是维系一个民族生存和发展的强大动力。一个民族的存在依赖文化，文化的解体就是一个民族的消亡。

　　随着我国综合国力的日益强大，广大民众对重塑民族自尊心和自豪感的愿望日益迫切。作为民族大家庭中的一员，将源远流长、博大精深的中国文化继承并传播给广大群众，特别是青年一代，是我们出版人义不容辞的责任。

　　本套丛书是由吉林文史出版社和吉林出版集团有限责任公司组织国内知名专家学者编写的一套旨在传播中华五千年优秀传统文化，提高全民文化修养的大型知识读本。该书在深入挖掘和整理中华优秀传统文化成果的同时，结合社会发展，注入了时代精神。书中优美生动的文字、简明通俗的语言、图文并茂的形式，把中国文化中的物态文化、制度文化、行为文化、精神文化等知识要点全面展示给读者。点点滴滴的文化知识仿佛颗颗繁星，组成了灿烂辉煌的中国文化的天穹。

　　希望本书能为弘扬中华五千年优秀传统文化、增强各民族团结、构建社会主义和谐社会尽一份绵薄之力，也坚信我们的中华民族一定能够早日实现伟大复兴！

目录

一、函谷关概况

函谷关是我国历史上建置最早的雄关要塞之一，因其建于谷中，深险如函，故称函谷关。

这里曾是战马嘶鸣的古战场，素有"一夫当关，万夫莫开"之称，著名的"出谷会师""六国伐秦""虢公败戎""西原大战""弘农大战""桃林大战"的战鼓曾在这里隆隆擂响；这里是古代西去长安、东达洛阳的通衢咽喉，同时也是中原文化和秦晋文化的交汇地；这里还是我国古代伟大的思想家、哲学家老子著述道家学派开山巨著《道德经》的灵谷圣地，是道家文化的发祥地；这里流传着许多脍炙人口的历史典故，"紫气东来""鸡鸣狗盗""公孙白马""一丸泥"等等，使这里弥漫着神奇的色彩；千百年来，众多海内外道家道教人士都到这里朝圣祭祖。

如今，集古战场与道教圣地于一体的函谷关，已赫然成为引人注目的旅游胜地。国家3A级旅游景区函谷关古文化旅

游区，位于豫陕晋三省交界、河南省西大门灵宝市境内，辖区面积16.5平方公里，主要景点有太初宫、道圣宫、道家养生园、藏经楼、瞻紫楼、鸡鸣台、碑林、蜡像馆、博物馆、关楼、函关古道等二十余处。函谷关有着独特的军事文化、老子文化、民间文化与人文文化，这些都深深吸引着海内外的游人。

（一）函谷关名称的由来

函谷关西据高原，东临绝涧，南接秦岭，北塞黄河，是中国建置最早的雄关要塞之一，有"双峰高耸大河旁，自古函谷一战场"之说。因地势险峻，易守难攻，成为兵家必争之地。历代文人墨客多游历函谷关，留下大量诗词佳作。中国古代思想家老子曾在此写下了千古传诵的《道德经》。

古往今来，函谷关是连通陕、豫的

必经之地，许多名人墨客在此留下了传说。"白马非马""终军弃缥""鸡鸣狗盗""紫气东来""弘农大战""桃林大战"等典故就发生在这里。著名的"出谷会师""六国伐秦""虢公败戎""西原大战"的战鼓曾在这里擂响。《辞海》释函谷关："因关在谷中，深险如函而得名。东自崤山，西至潼津，通名函谷，号称天险。"

（二）函谷关的始建朝代与地理位置

函谷关始建于周初。据《考古通论》记载："关塞起于殷。周，称桃林地为桃林塞。周武王伐殷，出函谷大会诸侯于孟津，克商，放牛于桃林，即设专门管理关塞的'司险'，桃林塞已成为重关……"

函谷关道在深谷，东西数百里"马不并辔，车不方轨"，两壁陡峭，树木遮天蔽

日，是古代举足轻重的军事要塞之地。

以"一夫当关，万夫莫开"而名扬天下的函谷关，坐落在河南省灵宝县城北15公里的坡头乡王垛村。它闻名遐迩的原因，是因为它是我国建置最早的雄关要塞之一。函谷关的名称是由于关城建在山谷中，而山谷深险如函（即匣子），故而世称函谷关。在汉代以前，这里就是重要的关隘。据《灵宝县志》记载，函谷关"西据高原，东临绝涧，南接秦岭，北塞黄河。一人守关，可以当百，由是函谷之名，遂雄天下"。在古代，这里是中原通往关中的主要通道，是兵家的必争之地。

（三）函谷关的历史沿革

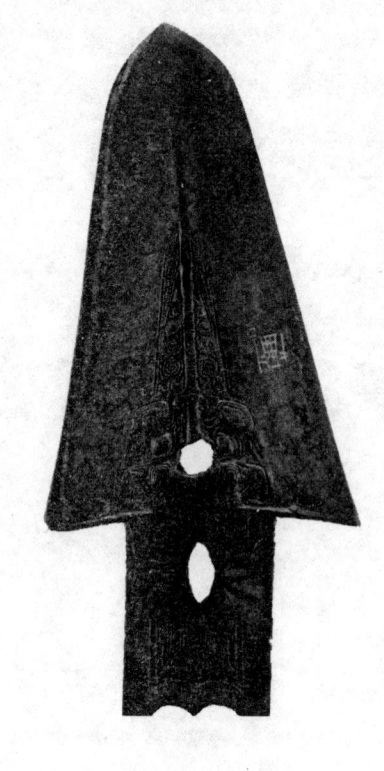

函谷关，习惯上被称作"秦函谷关"。关城遗址建筑无存，据考证，函谷关关城为不规则长方形，用长、圆、平夯夯打而成。东城墙长1800米，西城墙长1300米，南城墙长180多米。遗址基本与史书记载相吻合。函关古道全长15公里，是古代洛阳到长安的必经之路。东起宏农涧西岸的函谷关东门，横穿关城向西，由王垛村的果沟、黄河峪、狼皮沟至古桑田（今稠桑），是这一带唯一的东西通道。谷深50至70米，谷底宽十米左右，窄处只有两三米，谷岸坡度40至80度，谷底有蜿蜒道路相通，崎岖狭窄，空谷幽深，人行其中，如入函中，关道两侧，绝壁陡起，峰岩林立，地势险恶，地貌森然。

从现代战争的角度去看函谷关，可以说不值一提，但在冷兵器时代，此关地势险峻，易守难攻，被喻为"一夫当关，万夫

莫开""一泥丸而东封函谷"。函谷关至今已有两千多年的历史，其间曾有16次大战役在这里发生，不少战役可以说影响了中国历史的进程。在过去曾有这样的说法，谁拥有了函谷关，谁就拥有了战争的主动权。在冷兵器时代，这种说法就是基于函谷关险峻的军事地理位置。

秦始皇六年(公元前241年)，楚、赵、魏、燕、韩五国合纵攻秦。秦军依据函谷关天险，开关迎敌，使五国军队"流血漂橹"，大败而归。公元前206年，项羽、刘邦约定，"先入关者为王"。刘邦选择秦国兵力较弱的线路进攻，从陕西的商洛经武关提前进入关中。而项羽自恃兵力强大，一路走大道，等他攻打到函谷关时，听说刘邦已入关中，大怒，命大将黥布强

行攻关，并把关楼烧毁，演出了千古绝唱
"鸿门宴"。安史之乱时，唐军主帅哥舒
翰被迫放弃守城计划，与叛军会战于函
谷关西原地区，遭到惨败。1986年，战国
时期守城兵士的武器库——竖井式箭库
被发现，箭库深11米，直径0.9米，箭为铁
杆、铜镞，每三十枚为一束，现均已锈迹
斑斑。原函谷关楼在楚汉相争时，被楚霸

王项羽手下的大将黥布一把火给烧了。后来曾多次修复，又多次被融进战争的硝烟之中。现在看到的是依据成都青阳宫汉墓中出土的砖雕上函谷关楼的图案，由灵宝市灵化集团于1992年投资修建的复古建筑。关楼南北长71.2米，高21.5米，呈凹形，坐西向东，为双门双楼悬山顶式三层建筑，楼顶各饰丹凤一只，叫"丹凤楼"，也有人称其为"双凤楼"。它承袭了秦汉的建筑风格，上部城楼都是木质结构。桂林七星公园的"中华五千年"大型浮雕的右上方就有函谷关的双凤楼图案。

(四) 三处函谷关

历史上的函谷关共有三处。

故函谷关, 就是前文所指的函谷关, 位于灵宝县王垛村, 始建于公元前1000年前后的西周康王时期。春秋时, 秦国为了防备东方诸侯国西进, 在豫西"崤函孔道"的西端进一步据险设关, 派重兵把守, 凭借天险打败了诸侯各国, 统一了中国, 称秦函谷关。

汉函谷关, 在河南新安县东500米处, 西距故函谷关150公里。自汉室兴起, 关中作为帝都, 人们均以关中人为荣, 函

谷关以东则称关外。西汉武帝元鼎三年，屡建战功的将军杨仆家居宜阳（隶属新安县），耻为关外民，上书武帝，于汉武帝元鼎三年（公元前114年）尽捐家资，在新安县城东修起了一座雄伟的城关，为汉函谷关。汉关的建筑非常壮观，北起黄河，南横洛水，直抵宜阳散关，关塞相连犹如长城。汉关早已废弃，现在仅存有关门遗址。1923年重修，关高83米、南北长33米、东西宽20米，关楼3层，底层中有拱形门洞，可供交通。

魏函谷关，位于河南灵宝县孟村，在灵宝市东北20公里的黄河岸边，离故函谷关5公里。三国时，曹操西讨张鲁、马超，因故函谷关艰险难行，为了迅速转运兵马粮草，命大将许褚在黄河南岸劈山开道，以行粮草，即当年的"曹操运粮道"。魏正始元年（240年），弘农太守孟康在运粮道的入口处新建关城，号大崤关，又名金陡关，后人称魏函谷关。关楼毁于抗日战争时期。魏函谷关遗址被三门峡水库淹没，现仅存古道、烽火台遗址。

三处函谷关之中，以故函谷关名声最大，历史、文化、军事价值最高，人们常说的函谷关，指的就是王垛村的故函谷关，素有"天开函谷壮关中，万谷惊尘向北空"之说。围绕着这座名关，流传着诸多历史故事和传说，传诵着许多令人津津乐道的奇闻趣事，唐太宗、唐玄宗、司马迁、李白、杜甫、白居易、司马光等历史名人临关吟诗作赋，流传至今的有一百余首（篇）。

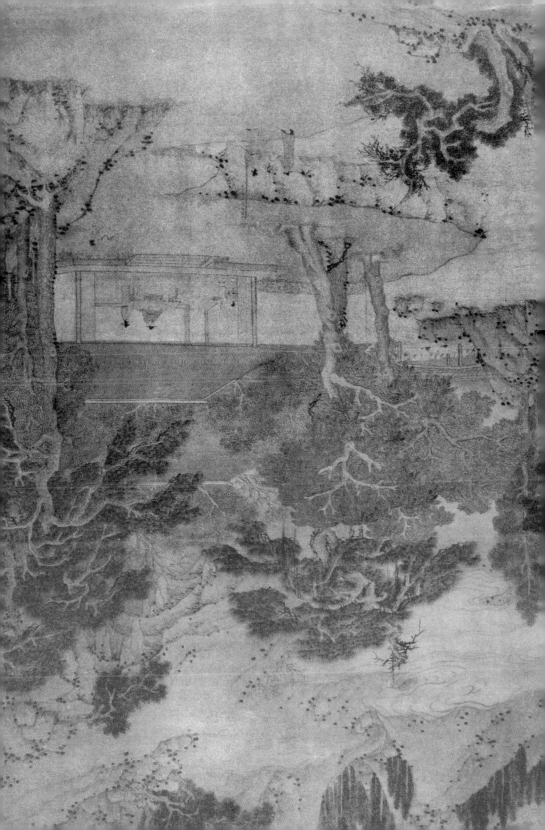

二、函谷关的军事文化

(一) 函谷关的军事地位

函谷关位于灵宝市区北15公里的王垛村。古代处于洛阳至西安故道中间的崤山至潼关段，多在涧谷之中，深险如函，古称函谷。春秋时秦孝公从晋国手中夺取崤函之地，在此设置函谷关。此关关城东西长7.5公里，谷道仅容一车通行，素有"一夫当关，万夫莫开"之说。公元前241

年，楚、赵、韩、卫诸国合纵攻秦，至此败
还。现在，此处有望气台（"紫气东来"的
观望之处）、孟尝君鸡鸣台，老子著《道
德经》的太初宫等。太初宫已经成为国内
外信仰者祭奠老子的重要场所。1992年，
灵宝市政府按照原关楼图形，投资重建了
关楼。目前，这里已成为知名旅游景点。

　　函谷关建于春秋战国之际。"东自
崤山，西至潼津，通名函谷，号称天险。
（《辞海》）"函谷关扼守崤函咽喉，西接
衡岭，东临绝涧，南依秦岭，北濒黄河，地
势险要，道路狭窄。《太平寰宇记》中称

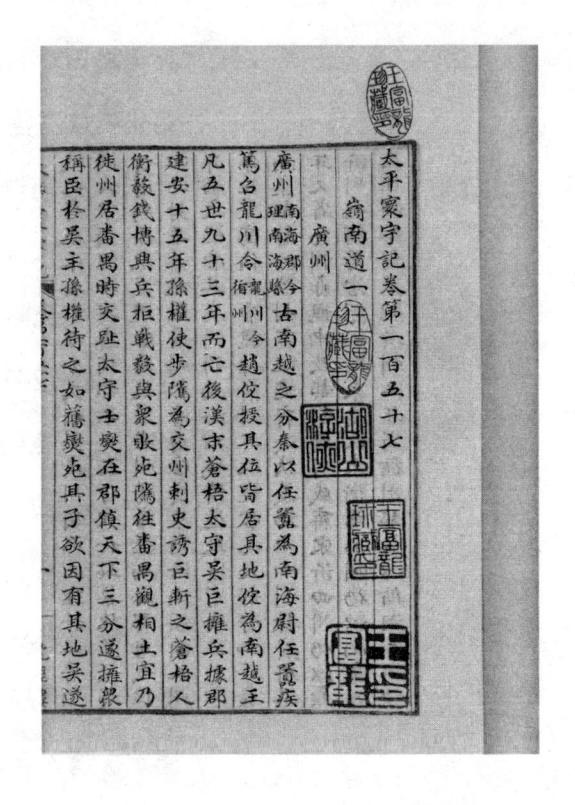

"其城北带河，南依山，周回五里余四十步，高二丈"。关城宏大雄伟，因其地处桃林塞之中枢，崤函古道之咽喉，素有"天开函谷壮关中，万古惊尘向北空"（唐·胡宿诗），"双峰高耸太河旁，自古函关一战场"（金·辛愿诗），"一夫当关，万夫莫开"之说。公元前658年，晋献公贿赂居住在骊山一带的犬戎从西边攻击虢国，犬戎

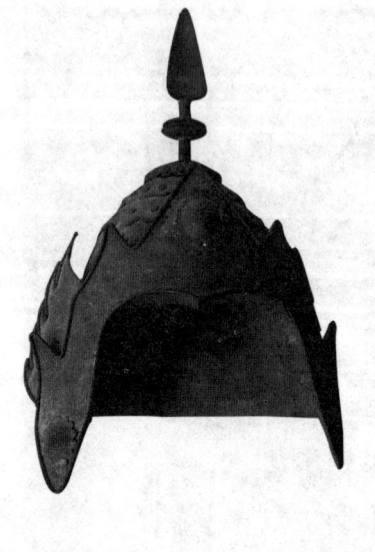

兵至桑田（今函谷关镇稠桑村），虢公率领伏兵从函谷古道两侧杀出，居高临下，犬戎大败而逃。周慎靓王三年（公元前318年），楚、赵、魏、韩、燕五国伐秦，秦据函谷关天险大败五国军队。秦始皇六年（公元前241年），楚、赵、魏、韩、卫五国伐秦，"至函关，皆败走"。秦末楚汉战争中，刘邦曾守关阻挡项羽进攻。唐"安史之乱"中，官兵与叛军在关前进行了著名的桃林大战。756年，唐将哥舒翰与安禄山叛军鏖战西原（函谷关西的原上），唐军被诱入函谷之中，遭受伏兵火攻，大败，这就是历史上有名的西原大战。在抗日战争中，函谷关也发挥了重大作用。1944年4月，日本侵略军发动了"河南会战"，短短二十余天时间，就由洛阳攻到灵宝县城（大王枣灵镇、老城西北的黄河岸边，现已被三门峡水库淹没），中国军队据守函谷关及衡岭原重创日军，毙伤日军包括联队长、团长两千余名。少数日军窜至阌乡随即撤出，终未能西进一步。自春秋战国以来的两千多年中，函谷关历经了七雄争霸、楚汉相争，黄巢、李自成农民起义等的狼烟烽火，无论是逐鹿中原，抑或进取关中，函谷关历来都是兵家必争的战略要地。

函谷关，东西南北，依据不同的地势，造就了空前的险要地形，为兵家亦喜亦忧之地，喜的是得到之后容易守关，忧的是失关之后难以再攻。

（二）函谷关大战实录

函谷关是我国建置最早的雄关要塞之一，在我国历史上闪耀过璀璨的光芒，其政治、军事、文化价值自古为世人瞩目，现在再加上考古、旅游事业的发展，观赏者更是络绎不绝。函谷关地势险要，位置优越，历代为兵家必争之地，许多历史典故即因函谷关而流传至今。现以掌握的资料，简述其战况。

1.出谷会师

《考古通论》记载："关塞起于殷。周，称桃林地为桃林塞。周武王伐殷，出函谷大会诸侯于孟津，克商，放牛于桃林。"记述的是周武王讨伐殷的战事，最终攻克了商地。

2.虢公败戎

周惠王十九年（公元前658年），晋献公征虢国，贿赂犬戎先打虢国，至桑田（今稠桑村），虢公出兵迎战，打败犬戎。

晋献公假虞灭虢，兵至下阳（今平陆），犬戎反扑，虢兵大败，退回上阳（今三门峡），不久为晋所灭。

3.修鱼之战

周慎靓王三年（公元前318年）在合纵攻秦之战中，魏、赵、韩、燕、楚五国联军在函谷关（今河南灵宝北）进攻秦军的作战。

秦国的东向扩张和张仪的连横策略，严重威胁到东方各国。周慎靓王二年（公元前319年），在齐、楚、燕、赵、韩等国支持下，魏王驱逐张仪，改用公孙衍为相，行"合纵"之策。次年，在公孙衍的推动下，魏、赵、韩、燕、楚五国共推楚怀王为纵长, 组织联军进攻秦国。公孙衍还联络义渠国由侧背进攻秦国, 配合联军。秦送"文绣千匹, 好女百人"(《战国策·秦策二》) 给义渠, 以缓其威胁, 然后发兵于函谷关迎战。联军因各有所图, 步调不一。楚、燕两国暂时受秦威胁不大, 态度消极, 只有魏、赵、韩三国军队与秦军交战, 被击败。联军向东撤退, 至修鱼 (今河南原阳西南)。同年, 义渠君认为秦送厚礼实是暂时策略, 秦国强大终对己不利, 便乘五国攻秦之机, 出兵袭击秦国李帛。秦

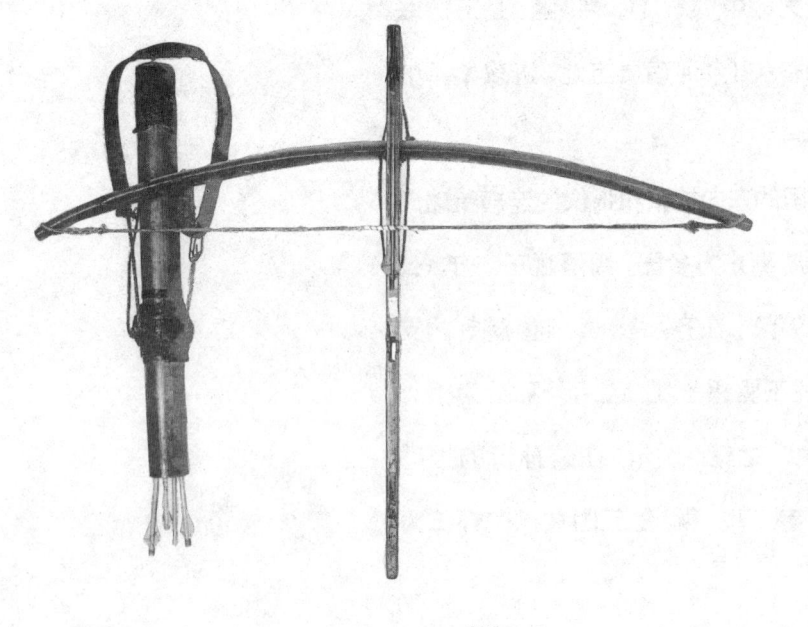

军一支仓促迎战，大败于此。然而，这一战并未影响全局。周慎靓王四年（公元前317年），秦遣庶长樗里疾率军出函谷关反击韩、赵、魏三国联军，于修鱼大败联军，斩杀其主力韩军8.2万人。联军再败退观泽（今河南清丰南）。秦军追至观泽再败韩军，俘虏韩将鲮（一作鲠）申差。关东诸国大为震恐。

4.割城求和

孟尝君借助门客学鸡鸣叫声逃脱之

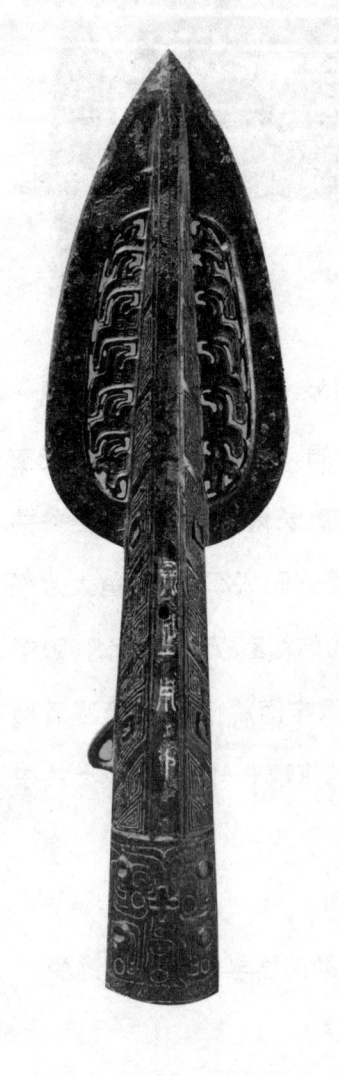

后，在周赧王五十七年（公元前258年）率领齐、韩、魏三国的军队开始出征讨伐秦国，连续攻打了三年。秦国抵挡不住巨大的攻势，秦昭王只得派遣公子池去函谷关求和。求和的结果是秦国割让河东（山西平阳府）三座城池作为息战条件，齐、韩、魏三国停止进攻。

5.无忌讨秦

秦庄襄王三年（公元前247年），秦军渡河攻击魏国，魏国军情告急。信陵君魏无忌从赵国返回魏国，率领魏、楚、韩、燕、赵五国联军反击，秦军被迫实行战略退却，五国联军攻打秦军直至函谷关，但却无力破关。

6.庞暖征秦

秦始皇八年（公元前239年），赵将庞暖组织赵、燕、楚、韩、魏五国第五次合纵攻秦。庞暖考察到函谷关险要难攻，联军数次受挫的情况后，改由蒲坂渡黄河，直取关中。函谷关已使关东诸国望而生畏。

7.秦败五国

秦始皇六年（公元前241年），楚、赵、魏、韩、卫合纵攻打秦国，楚为纵长。秦依函谷关险，开关迎敌，五国军队，大败而回。

8.周文入关

公元前209年，陈胜、吴广"斩林为兵，揭竿为旗"，在大泽乡起义，在河南陈县建立张楚政权。后陈胜大将周文率十万人马抵函谷关。秦二世昏庸无备，在周文的攻击下，关城被破，起义军进至咸阳附近。

9.绕关灭秦

公元前207年，刘邦率部西进灭秦。刘邦深入分析了利弊，认为函谷关乃雄关险隘，难于突破，在洛阳东作战不利的情况下，决定避开函谷关，走轩辕关，绕道商洛，由武关攻到关中。最后，灭了秦军。

10. 黥布破关

公元前206年，项羽率军四十万，西进函谷关，得知刘邦已定关中，并派兵扼守函谷关，大怒，命黥布强行攻关。破关后，发兵新中，接着就发生了著名的"鸿

门宴"。

11.绕关平乱

汉景帝三年（公元前154年），吴、楚等七国发动叛乱，汉景帝命太尉周亚夫率三十万大军击吴、楚。军至灞上时，赵涉向周亚夫指出吴王很可能在崤函各道设伏兵，建议出武关取洛阳，平息叛乱。后果然在崤函谷道中，搜得吴国伏兵。

12.弘农大战

新莽地皇四年（23年），赤眉起义军分两路西进长安，一路走陆浑关（今河南省嵩县北）入弘农，击败更始政权弘农

太守苏茂，另一路出武关转向北。两军会于弘农，由函谷关入关中，灭亡了更始政权。

13.桃林大战

唐玄宗天宝十五年（756年），安禄山起兵叛唐后，多次从函谷关进攻潼关，被唐军统帅哥舒翰击退。唐玄宗听信杨国忠谗言，迫使哥舒翰放弃守关拒敌计划，率兵出战。哥舒翰与安禄山军崔乾佑会战于函谷关西原，安军伏兵纵火焚烧唐军，并以精骑自南山迂回出击，唐军大败，二十万人只有八千脱逃，主帅哥舒翰被迫投降，潼关、长安相继失守。杜甫在《潼关吏》中对这段历史悲剧发出"哀哉桃林战，百万化为鱼"的慨叹。

14.二出函谷

明末，农民起义军李自成商洛整军后，二出函谷，与明军激战于函谷关前的弘农河沿线。明军将领左良玉败退陕州。

15.张钫出关

辛亥革命时，张钫在陕西起义，率大军出陕西，与清军赵倜部血战于函谷关。

清军不敌, 败退, 张钫进入中原。

16. 关前抗日

1944年5月, 日本侵略军八万余人大举西犯, 我军据守函谷关衡岭一线, 与日寇展开激战, 毙伤包括敌联队长、团长在内的敌军两千余名, 给日本侵略者以沉重打击。

17.解放灵宝

1947年9月, 陈谢大军强渡黄河, 西进崤函, 开始了解放灵宝的战斗。当时守城敌军以一个加强营据守函谷关高地, 企图负隅顽抗。我军采取偷袭和强攻相结合的战术, 迅速占领函谷关高地, 全歼敌军四千余人, 从而使灵宝敌防线瓦解, 取得了解放灵宝战役的胜利。

三、函谷关的老子文化

老子是我国春秋末年杰出的思想家、政治家、哲学家和文学家，不仅是道家学派理论的奠基人，被后来的道教奉为教祖，而且是先秦诸子百家的启蒙者。他的著作《道德经》，即《老子》一书，是世界文化宝库中的瑰宝。自《道德经》问世以来，上至皇帝高官，下至黎民百姓，都对这部经典著作有着极大的研究热情。据不完全统计，有史料记载的版

本达一千八百多种。不仅在国内影响广泛深远，而且在7世纪便以梵文传到国外，18世纪传至欧美各国，以后逐渐风靡世界。《老子》思想博大精深，蕴涵丰富，涉及天、地、人各个方面，在政治、经济、军事、艺术、伦理、养生等领域都有独到的见解，闪耀着智慧的光芒。

研究老子思想成为一种国际性的文化现象。英、法、美、日等四十多个国家都在研究《道德经》，翻译《道德经》的版本已达六百余种，其中日本人著述达三百三十余种。因《道德经》成于函谷关，函谷关名副其实地成为道家文化的发祥地。2002年10月20日，中国道教协会会长、玉溪道人闵智亭为函谷关旅游区题写了"道家之源"四个字。

道家始祖老子在太初宫著下洋洋五千言《道德经》，被视为我国哲学园林中的瑰宝，太初宫也因此被中国道教协会会长闵智亭（道号玉溪道人）称为"道家之源"。它是函谷关景区现存最为古老的一座建筑,伴随老子入关而产生的"紫气东来"典故已为人们耳熟能详,颇具神秘和祥瑞之气。

函谷关不仅有重要的军事价值,它的文化价值同样不可低估。在古代,这里是东西地区文化交流的枢纽。"老子降生""紫气东来""仙丹救民""玄元灵符"等故事在当地广泛流传,家喻户晓。

(一)老子降生

公元前571年,农历二月十五日,楚国苦县曲仁里村(今河南鹿邑)被团团紫气笼罩着。绛紫色的场院、紫黑色的房脊、紫绿色的烟柳、紫灰色的树叶,连初升的太阳也变成了一片紫红。好一派祥瑞之气啊!人们都感到惊奇!这时,

几声响亮的婴儿啼哭声从这紫气弥漫的村子里传了出来……

二月十五日那天，曲仁里村的李氏女早早起床，她一边梳理着满头秀发，一边小声唱着她平日最爱哼唱的村歌："天水清，河水浑，俺上对岸去撑人，撑来一船男和女，个个都是好心人。"她一边唱一边在床边上坐下，没想到身子还没有坐稳，突然觉得肚子隐隐作痛，后来越疼越厉害。当村上人做饭的青烟和紫气徐徐上升的时候，她肚子已疼得难以忍受了，脸上的汗珠不停地往下流。她忍不住倒在床上呻吟。邻家妇女闻声赶来，知道她要临产了，急忙给她请来了有名的接生婆——金妈。

金妈来到李氏床前细心察看，凭她平日积累的经验，确认是少有的难产，就是胎儿在娘肚子里过月时间太长，胎儿长得又大，再加上李氏女又是头胎，像这样的情况，大人小孩都有危险。连金妈这种有经验的接生婆也感到为难。金妈只好请来一位大夫，大夫仔细看过后，无可奈何地摇摇头走了。金妈无奈地让李氏斜靠在自己怀里，用手托着她的脖子。

李氏越发疼痛难忍，金妈只好用双手

在她的肚子上慢慢揉着，一阵剧烈的疼痛使李氏昏死过去。"这叫人该怎么办？"金妈一抬头瞅见了案板上的一把菜刀，"剖腹取胎"的念头在心头一闪，又一想"不中，这样不光李氏生命难以保全，自己还将落下埋怨。"就在金妈瞅着菜刀迟疑的时候，李氏突然说："快把我的肚子割开！"金妈犹豫地抓着刀举起又放下，没想到李氏女以惊人的力量抽身坐起，从金妈手中夺过菜刀，照着自己的肚子"哧"地一下拉开了一条血口子，血水从被划破的

• 045

肚子和胞衣之中泉涌一般流出来。李氏微弱地断断续续地说："我死后，告诉孩子，做个……对苍生……有益的……好……好人……"话没说完，这位英勇的母亲永远闭上了双眼。

李氏去世了，她的儿子却活下来了。李氏女生下的这一男婴，脑门儿圆圆的，鼻梁高高的，头发是白色的，小嘴下面还有一道白白的胡须，两只耳朵大得出奇。因为这孩子的耳朵非常大，人们就给他起名叫李聃，聃就是耳幔的意思，意思就是耳垂长而大。又因为李聃出生那年是虎年，当地人把虎称"狸儿"，和"李耳"音接近，这样就被人叫作李耳了。这就是后来的老子。

由于李氏生李耳时是剖腹产，怀胎时间又长，后来就有了很多关于老子出生的说法。有传说李氏是吃了李子怀了孕，又有说李耳是在娘肚里怀了九九八十一年，才从母亲的右肋下出生的。

（二）紫气东来

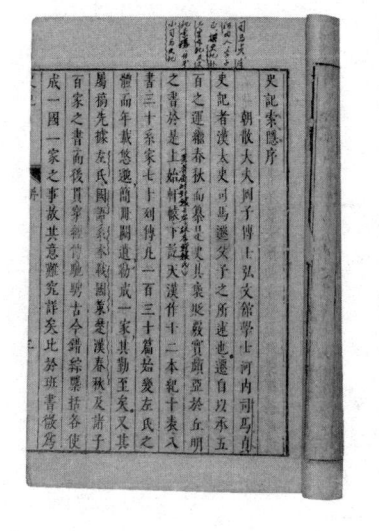

据《史记》记载：春秋末期，柱下史老子李聃看到周室将衰，西渡隐居。善天文秘纬的函谷关令尹喜，一天清早从家里出门，站在一个土台上（现瞻紫楼），看见东方紫气腾腾，霞光万道，观天象奇异，欣喜若狂，大呼"紫气东来，必有异人通过"。忙令关吏清扫街道，恭候异人，果然，见一老翁银发飘逸，气宇轩昂。并且倒骑青牛向关门走来。尹喜忙上前迎接，

通报姓名后，诚邀老翁在此小住。老翁欣然接受，在此著写了彪炳千秋的洋洋五千言《道德经》。以后，函谷关一带的门楣或春联都会写"紫气东来"一词，流传至今，表示吉祥。

又一说法是这样的：

当时，驻守函谷关的关令名叫尹喜，尹喜精通天象学问。一天早上，他站在函谷关的高台上，往东一看，只见东边的天空紫气升腾、祥云缭绕，一轮红日喷薄而出，万道霞光辉映山川。这紫气逐渐弥漫了原野，弥漫了城楼。尹喜惊喜地呼叫：

"紫气东来，必有异人来到。"于是，他便吩咐守关的部下，清扫庭院，迎接贵人。

关令尹喜按捺不住兴奋的心情，急切地站到关楼上眺望。忽然看见关外的路上，一位身穿黄袍的老者骑着青牛，旁边跟着小书童慢慢朝着关门走来。这老者白发银须，飘飘如仙，尹喜赶忙跑下关楼前去迎接。

老者就是老子，尹喜非常激动，忙跪拜行礼，情不自禁地说："先生驾临，关壁生辉，晚辈我三生有幸啊！"

老子一惊，下了牛背，惊奇地看着眼前这位身着官服的人，问道："请问，您是……"

"先生，我是这里的关令尹喜。"尹

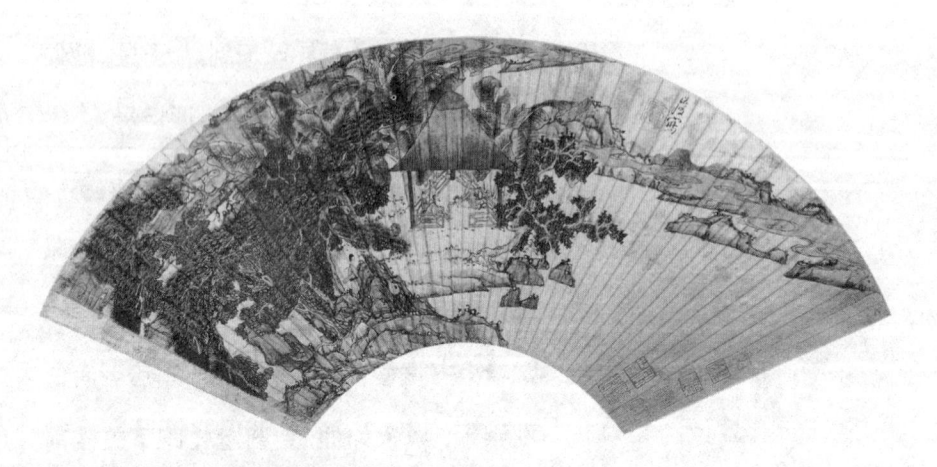

喜笑着回答："二十年前，先生在周朝王室中管理图书时，我曾向先生借阅过书籍，请教过先生不少问题。这些晚辈至今仍牢记在心！"

说着挽着老子向院里走去，边走边说："老人家，您既然来了，就在这里安心多住上几天吧。"

老子在关里做客，尹喜对他安排照顾得非常周到，除了晚上安歇之时以外，尹喜几乎天天不离老子的身边，那敬慕之情，真是难以用语言表述。

就这样，一天、两天、三天、五天，老子几次提出要走，尹喜总是不放。整整九天过去了，尹喜仍然不肯让老子走，仍然是热情地招待他、服侍他。老子心中十分过意不去，再三提出要过关西去。尹喜问："不知您老人家执意要走都有哪些事要做？"

"我要到秦国去讲学，还要西行，到很远的地方去过真正的隐居生活。"老子认真地说。

"您老人家说的这些也都不是急着要办的，况且您老此去隐居，晚辈这辈子

怕再也见不到您老了。您不能走，晚辈这里就是您最好的隐居之处，您可以在这里著书立说，把您的主张和想法留给后人。"

老子听尹喜要他留下来写书，不免心中一震，想起原在家乡时写成的大书被火焚烧，心里马上难受起来，他再也不愿写书了。但是看到尹喜一片真情，不免心动，感到盛情难却，于是就答应了。

尹喜亲自动手，给老子取来了笔墨、木札——没有写字的木简。另外，还准备了麻绳、刀子。这刀子是用来将木片上写

错的字刮去的。

老子坐在东间窗下的桌案旁边，面对桌上展开的木札，望着窗外青碧的竹桃，开始构思要写的文章。想了很长时间，也没能够想出个眉目来，心里倒感到茫然起来。

老子放下笔，走出房间，来到关楼上，四处眺望，顿觉心胸开阔。高爽秋空，莽莽沃野，千山万壑，浩浩宇宙，无限包容。老骥登城，志在千里；眺望家乡，天边好像就在身边。这时，豪情顿至……

"有了，我何不就将那大书用浓缩的语言概括地一写！就这样办！"老子自言自语地说着。决心一定，他快步走下关楼，兴冲冲地回到屋里。

老子重新坐定，提起笔来，先将在路上想好的开头几句话落在木札之上：

道可道，非常道。名可名，非常名……

"写，就这样写。要用极少的话将自己的想法表达出来，这样也就不枉我多年辛苦的笔墨了。"

老子废寝忘食，不停地写着。终于，八十一章奇文写成了！他以极为精练的语言，把他的巨著全部概括出来！一部上至高天，下至大地，中至人律的宇宙奇书，就这样在老子的笔下诞生了！

现在函谷关太初宫的正殿，就是当年老子著书的地方。他写的书就是《道德

经》，分"道经""德经"上下篇，共五千多字，后来被奉为道教的经典。

太初宫内塑有老子著经坐像。每逢农历初一和十五，当地百姓总要到函谷关老子像前祭奠一番。在此磕的头称为福头，磕福头是一种吉祥的民俗活动，自然参加的人也很多。每逢农历二月十五老子生日时，仪式更是隆重，不仅灵宝附近各乡的农民去烧香，就连外地人也跋山涉水到函谷关参加纪念活动。可见，老子在人们心目中的地位是相当高的。

在函谷关所在的河南省灵宝县王垛村，还有一些与老子有关的风俗。如男婚女嫁之时，迎娶队伍一般都不径直回到家中，总要先到函谷关太初宫老子像前鸣放鞭炮，叩头祭拜。举行了这样的仪式之后，青年男女的婚姻就算得到了老子的承认，还会保佑新家庭美满幸福。据当地老人讲，老子生性善良，体恤百姓，在此举行新婚大礼，求福的可得福，求财的可得财，求子的可得子。所以，太初宫殿内的香案上，挂了许多还愿人送的绣有龙凤呈祥图案的红帐，送红帐这种行为，在乡民们看来，是对老子最好的答谢方式。

（三）仙丹救民

有一年，函谷关一带突然发生了瘟疫，人一染上，轻者上吐下泻，重者很快身亡。不久，当地就病死了很多人。新坟林立，哭声遍地，很是凄惨。周围的郎中也没法子，不知如何是好。

老子听说后，急得坐立不安。正在这时，徐甲跑进来气喘吁吁地说："先生，刚才我正在给青牛

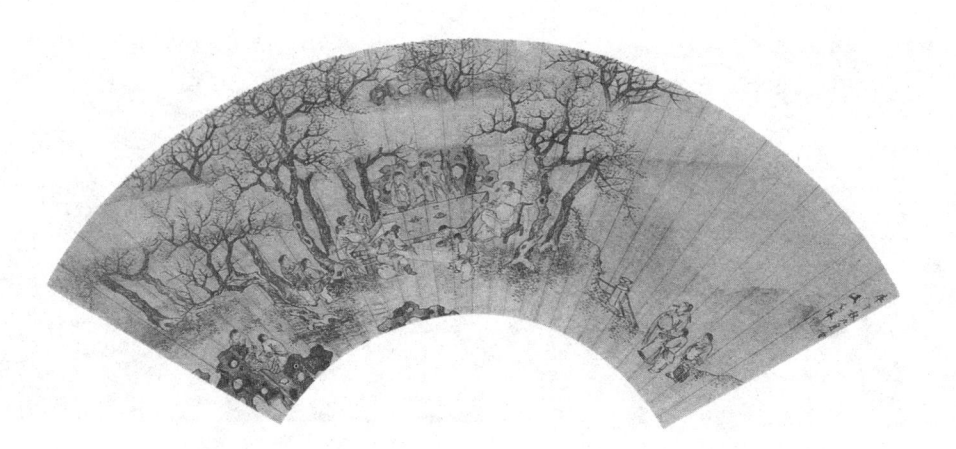

喂草，青牛不但不吃，反而来回走动，不大会儿从牛嘴里吐出这团肉呼呼的东西。"徐甲说着便将青牛吐出的肉团递给老子看。

老子看过后，高兴地说："有本书上说这肉团清热解毒，能医治瘟疫，咱正好试试。若能医治好百姓的疾病，那真是福从天降呀！"于是，老子又认真琢磨配了几味中药，有的用文火熬，有的用瓦片焙，有的精心研磨成粉。一连几天，老子都没有合眼。一直到正月二十三这一天，药丸终于制出来了。

说来也巧，患病的人喝了老子炼制的

丹丸后，病也都随之好了。函谷关一带的百姓感激不尽，扶老携幼络绎不绝地来向老子拜谢，说老子是上天派来的救世神仙，到人间来为百姓消灾治病来了。

打那以后，函谷关一带的人每到正月二十三，家家户户都用黄表纸剪成牛和药葫芦贴在门上，纪念老子。当地还流传着一首民谣：

正月二十三，

老君散仙丹。

家家贴金牛，

岁岁保平安。

为了答谢青牛，当地人后来在函谷关

内修建了一座庙宇，叫"青牛观"，把青牛当做神年年供奉。《西游记》中说老子成仙后，在天庭炼金丹。孙悟空偷吃金丹成了刀枪不入、火攻不化之躯的故事，想必也是从此引申的。

（四）会仙台与牛头岭

老子骑着青牛出了函谷关，继续和徐甲一同往西而去。

这一天，老子和徐甲来到亚武山下，老子下了牛背，对徐甲说："甲儿，咱们就在此暂且歇息一会儿再走吧。"

徐甲把牛赶到一边吃草去了。

再说，这亚武山的祖师玄武，一心修仙养道，已经整整八年了，可还是未能修成正果，不免心中有些焦急不安。

当玄武听说老子要西行讲学，这

亚武山正是老子的必经之路时，就每天在这儿耐心地等候。他曾听说过，当年楚国有位久修不成的道士，被老子送了一木一石而点化成仙的事。于是，玄武就想让老子也为他讲讲道学。

当玄武在山上远远望见老子骑着青牛缓缓走来时，心中十分高兴，他赶紧来到山下。他想，我要是将老子骑的青牛藏起来，他就会留下来为我讲道。他趁徐甲在山上玩得正高兴的时候，就悄悄走过去把青牛藏在树丛里。然后走上前去恭恭敬敬地向老子施礼道："听说您老人家前来，弟子在此恭候多日了。"

老子看着他说："想必你就是无量了。""弟子正是，弟子想请您老人家在此为我讲经说道。"老子望着高峻的亚武险峰道："你这里危峰高耸，哪里有我安身的住处。""先生放心，弟子定会为您寻找个安全的住处。""那好，可这山高路险，又怎么上得去呢。""来，我背您老人家上山。"玄武说着弯下腰。老子想试试玄武是否有诚意，也就答应让玄武背着上山。

玄武背着老子一步一步吃力地望山

上走,累得他上气不接下气。

老子看玄武很累的样子,就说:"咱歇会儿再走吧。"

"没事儿,我能行。"玄武硬是坚持把老子背到山腰一个平台处,老子望着满山迷迷蒙蒙的云海,郁郁葱葱的树林,就笑着说:"亚武山,山静水清,是个修心养道的地方,就在这儿住下吧。"

玄武就在此处搭了一个结结实实的草房子,请老子在此住下,每天聆听老子讲经说道。

玄武从山上采摘来许多鲜桃,与老子共同品尝。

后人就把当年老子为玄武讲经的地方，称作"会仙台"。他们扔下的桃核，变成了"桃核峰"。

被玄武藏起来的青牛，后来被亚武山下一个年轻后生发现了。他见这头牛闲着，就取来犁，让这牛耕起地来。传说这青牛力大无比，纵横几千里，行走如飞，不多时间就把黄河、渭河一带的地全耕完了。正在向亚武山回耕的时候，犁尖一下子被华山挂住了，青牛奋力一拉，犁绳被拉断了，牛卧下再也爬不起来了。这牛后来就化作了一座大岭，在灵宝豫灵万回村的玉溪涧西边，人称"牛头岭"。在华山半山腰挂着犁的地方，现在仍留着痕迹，被称作"老君挂犁处"。

（五）玄元灵符

老子死后，他的学说越来越受到人们的推崇，后来形成了道家学派。汉代被演变为宗教，这就是道教。老子被奉为教祖。他写的《道德经》也成为道教的经典。到了唐代，老子的地位达到了登峰造极的地步。唐太宗李世民自认是老子的后裔。唐高宗追封老子为玄元皇帝，诏《道德经》为上经。唐玄宗时，诏各州府广置玄元皇帝庙，建立玄学，令生徒诵习《道德经》。

天宝元年（742年），一天早朝时，唐玄宗刚刚坐定，陈王府的参军田同秀上前奏道："启禀万岁，微臣昨晚做了一梦，梦见函谷关丹凤门

上紫气萦绕,玄元皇帝飘然其中,我正要上前叩拜,只听玄元皇帝说:'我藏灵符,在尹喜故宅。'说完就不见了,微臣不解其意,奏请圣上明析。"

玄宗一听,连声说:"好梦!好梦!玄元皇帝托梦,又有祥云紫气,此乃吉祥之兆!"当即派人到函谷关寻找灵符。

果然,在函谷关尹喜故宅的西边掘出了一个"灵符","灵符"是用一个桃木制

成的木片，上面用朱砂刻写着一个奇怪的字。众人不解其意，火速将"灵符"送往京城，呈玄宗御览。

玄宗拿着"灵符"，左看右看，也不认得。让周围的大臣看，也说不出个名堂。后来还是田同秀试探着说："臣的看法不知对否，不敢妄言。""你发现'灵符'有功，但讲无妨！"田同秀说："臣看此字像是古书的'桑'字，上面三个十字，下面一个十字，一个八字，合起来是个四十八。"这一说，群臣都有所悟。"四十八、四十八，玄元皇帝保佑我皇四十八年"，一个大臣高兴地叫了起来。众臣也都附和着，都说这是玄元皇帝显灵，送来宝符，可庆可贺。

唐玄宗也非常高兴，认为这是老子对他的恩赐，当即把开元的年号改为天宝年号。并在一个月后，将埋藏灵符的桃林县改为灵宝县。当然，田同秀也因此而升了官。

这件事记载在《资治通鉴》上。对于"灵符"一事，司马光同时写道："时人皆疑宝符同秀所为。"

四、函谷关的民间文化与人文文化

(一) 异彩纷呈的民间文化

工艺美术: 主要有剪纸、面花、刺绣、印花布、香草袋和编织等。面花始于明朝, 开始是用白面做些花朵、鱼虫之类用于祭祠。现在多用在喜糕上, 捏成游龙戏凤、百鸟朝凤、二龙戏珠、百花朝阳等吉祥图案, 形象逼真, 栩栩如生。编织主要有竹编、苇编、草编等, 草编分为麦秆

编和玉米苞编，工艺精巧，丰富多彩，很
受客商青睐。

1.灵宝剪纸

灵宝剪纸的起源和老子有关。那年，
老子在函谷关著经，当地发生了瘟疫，很
多人得了病。有一天老子的青牛吐出了一
团东西（牛黄），老子把它分给乡亲们吃，
人们吃了这个东西后，病很快就好了。后
来，人们就在每年正月二十三用黄纸剪个
金牛、药葫芦贴在门上，以避邪
免灾。后来剪纸艺术逐
渐形成，风格独特，
图案别致，充满
喜气。灵宝剪纸
的风格主要是
粗犷、简朴、生
动、传神。作品
远销西欧、澳洲等
国家。

"雪圃乍开红菜甲，

彩幡新剪绿杨丝。殷勤为作宜春曲,题向花笺贴绣楣。"唐代诗人韦庄在《立春》一诗中,描述了古人春节时在院门上挂门笺的情景。门笺是剪纸的一种形式,好像旌旗一样,逢年过节挂在门上,用于驱灾避邪、招财纳福。但事实上,大多数剪纸则用于四时节令和婚丧嫁娶等民俗活动中。

剪纸是灵宝民间普遍流行的一种手工艺品,有着悠久的历史。据传周朝时,某年春节过后,桃林塞(今灵宝市)瘟疫流行,百姓人心惶惶。因老子的青牛口吐牛黄医治了病疫患者,使他们恢复了元气,人们视青牛为救星。以后每年正月二十三,家家都用黄表纸剪金牛图贴在门上,意在避疫求吉、除恶压邪,"金牛图"成为灵宝剪纸的雏形。

灵宝民间剪纸中最常见的是窗花。汉、唐时期,妇女们就开始用金银箔或彩纸剪成各种花草图案,用来美化装饰生活。明、清时期，云头鞋面、小孩衣帽和妇女头巾等衣物服饰开始在剪纸作品中大量出现。在节日或者结婚时，剪些纸花贴在窗户与风门上，增添喜庆气息。建国

后，灵宝剪纸艺术得到了长足发展，不仅有众多业余爱好者，而且还有专门的研究人员。剪纸题材越来越广泛，并逐步发展为豫西民间装点新房及新娘嫁妆的饰品和专供欣赏的艺术作品。此外，剪纸艺术也不断渗入新的领域——舞台布景、商店橱柜、礼堂、建筑物上的装饰等，都有剪纸的影子。

在灵宝，每年腊月二十三以后，当地妇女就"放下锄头上炕头，拿起剪子剪虎头"。过春节布置房屋装饰农舍的窗花、顶棚花、门笺等，都要在年前剪好。因此，民间流传："二十八，贴花花。"腊月

二十八是个约定俗成的贴年画、贴窗花的
日子。那些体现庆贺丰收、六畜兴旺、延
年益寿、吉祥美好等愿望的剪纸，体现着
农家的希望，使素朴的农舍焕然一新，不
仅渲染了隆重、热烈的节日气氛，也使屋
子的主人喜气洋洋、精神焕发。中国人喜
欢红色，视红色为吉祥色。因此，结婚用
的顶棚花、喜字花、嫁妆花等礼花，过春
节贴的窗花无不是用红纸剪成的，且多用
整张剪裁，不用碎纸拼凑。在人们看来，
拼凑起来的礼花不吉利。

　　灵宝剪纸的题材大都是人物、动物、

草木花卉。可贵的是它能借助生活中常见的事物，通过谐音、象征等手法，构成寓意性的艺术画面。如"龙凤呈祥""凤凰戏牡丹"象征婚姻的美满与神圣，"刘海戏金蟾"象征爱情的忠贞，"柿子和如意"表示四季如意、平安幸福，"喜鹊登枝"寓意喜上眉梢、喜事盈门，"新媳妇怀里抱娃娃"表示"得子"等等。在剪纸艺术天地里，民间的巧手剪纸艺人可以凭借她们的想象描绘出理想中的一切，以形传神，表达出巧意、新意、美意，借此表现人们热爱生活的美好情趣。

2.灵宝面塑

面塑，又称"面花"或"捏面人"。豫东地区称为"蒸花馍"；豫西一带早年叫

"窝窝花"，解放以后改称"糕花"。但在河南广大地区，叫得最多、最普遍的是"捏面花"。

"面花"是一种面食艺术，也是中华民族优秀文化传统中的一种"饮食文化"。河南地区盛产小麦，以面食为主，其中用小麦做的面粉称之为"白面"。在旧社会，白面是劳动人民生活中的高档食品，只有逢年过节才能吃上几顿"白馍馍"，成为穷苦孩子们企盼一年的最佳食品。母亲们用来之不易的白面粉制作出各种各样的小动物、小花馍，既好吃，又好看，又好玩，成为母亲对幼儿进行启蒙教育的最好的食用玩具。

"面花"艺术的历史源远流长。早在宋代《东京梦华录》等书中，就详细记载了当时东京汴梁城制作、出售各种面花和有关面花的民间习俗的情况。明代的《宛署杂记》中，还记录了南阳一代农村，每年的农历正月，为了祈祷来年的粮食丰收，便用面粉做成各种面食品，称为"果食"，"花样奇巧百端"，相互赠送，并将这些面食品挂在田间、地头，以犒劳天地之神。

在河南，逢年过节家家户户都有制作面花的习俗。豫西的洛阳、灵宝，豫北的安阳、内黄、浚县、鹤壁，豫东的尉氏、沈丘，还有许昌、登封、新郑等地，都有各种不同风格的面食玩具。

在众多的民间面花艺术中，以豫西的灵宝和豫东的沈丘顾家的面花最为有名。灵宝面花，据考证明清时期已有。早

年的面花是伴随着当地民俗活动应运而生的，叫"窝窝花"，是当地群众每年农历正月十五赶庙会时用来"祭神"的供品。据老年人说，凡参加庙会的人，都要到庙里来拜神，对神特别虔诚的人，便达成协议，轮流主持每年一度的盛仪。轮到谁，谁就要负责筹资，并在进入腊月后，把当地有名气的"巧巧"们（有一手做面花技艺的巧媳妇）请到自己家里捏"窝窝"（面花）。这些艺人们既心灵手巧，又格外虔诚，她们沐浴吃斋，精心捏出不重

样的面花，有龙、凤、狮、虎、花、鸟、鱼、虫，"十二生肖"等等，形态逼真，栩栩如生。面花做好后，分别插在用麦草绑成的三个两米高的草塔上。到了庙会这天，鞭炮齐鸣，香烟缭绕，主持人把"巧巧"们做好的"窝窝花"草塔摆放在庙院当中，供神享用，求神保佑乡民们四季平安、风调雨顺、五谷丰登。随着时代的推移，社会的不断进步，如今的农村已经向现代化迈进，农民科学种田，基本上实现了旱涝保收，那种靠天吃饭、求神保佑的迷信思想已经逐步减少或消失。面花这一古老的面食艺术，已由供神的祭品，变成了新民俗活动中馈赠亲友的礼品。如青年男女订婚，小孩"做满月"，乃至建屋上梁，都要制作面花馈赠亲友，达到吉利、祝贺的目的。当然，这也代表了劳动人民对于幸福安康的追求。

灵宝的"窝窝花"，现在通称"面花"，又叫"糕花"。糕花又分"高花"和

"平花"两个品种，"高花"制作的方法是：手捏成形蒸熟后，再勾画着彩，然后用竹签插在圆形的面糕上。高花华丽秀美，形态逼真，五彩缤纷，是男女定亲时，女方赠送给男方家庭的礼品，示意姑娘心灵手巧。"平花"不染色，和面糕合为一体，浑厚丰满，朴素大方，示意小伙子体魄健壮，坚强能干。这是男方回赠姑娘家的礼品。总之，充满了生活情趣。

3.灵宝皮影戏

灵宝皮影戏，起源于汉代或者更早一些。灵宝皮影戏的音乐叫道情，是 种古老的道教音乐。所用的乐器，都是仿照八仙的器物。

皮影，是道情戏的表演形式，灵宝人叫它"戳皮儿"。皮影戏源于汉武帝，《汉书·外戚传》记载：汉武帝时，很宠爱李夫人。李夫人死后，汉武帝时常思念。有个方士齐人李少翁设法让武帝能见到李夫人。在夜间设一帷帐，请武帝在远处观

看。不久帐中出现李夫人形影，其实是用皮刻人物造型，利用光源反射而成。后人改用厚纸或皮革剪影借光照射，演变成影子戏，流传后世。

道情腔调于清朝后期传入灵宝后，以灞底河为界，发展为河东腔与河西腔两大派。河东腔分布在阳店镇栾村一带，河西腔分布在焦村镇的罗家，尹庄镇的西车、南营、牛庄一带。抗日战争时期，大戏活动困难，皮影小戏服饰道具简单，便于活动，各乡村山寨的庙会戏，群众的还愿戏都请道情皮影班，因而一时红火于全县各地。灵宝道情皮影戏的布景和人物用

牛皮制作，人物均为侧面形象，操作用的签子三四寸高。用布帐围成平台，台宽约六七尺，用油灯或汽灯、电灯射在白色纱幕上，艺人双手操纵竹签，一边完成剧中人物的道情演唱，一边完成轻盈的皮影表演。

道情皮影戏的曲调有官调（喜调）、梅调（哀调）、孩子调、窜梅调、袍调、飞调、滚白、金钱等。1955年，灵宝县道情皮

影剧团成立, 曾参加河南省第三届民间艺术汇演, 获锦旗一面。灵宝皮影戏还曾经在广州中华百绝博览会上表演, 也曾到法国表演。

进入20世纪90年代, 灵宝道情皮影戏多次参加对外文化交流活动。

表演艺术: 主要有社火、高跷、芯子（垛子）、龙灯、旱船等, 是综合性艺术活动, 一般在元宵节、老子诞辰纪念日等重大节庆期间演出。其中社火是旧时村社迎神所扮演的杂戏, 其产生的年代相当久远。人类早期, 每当严冬已尽、冰雪初融、春暖花开、大地复苏之时，先民们就杀猪宰羊，用自己获得的劳动果实祭祀"神灵"，祭祀祖先。此时，终年劳累的原始先民有了歇息的机会，他们欣喜若狂，就把自己"打扮"一下，在脸上涂上朱砂，把鸟羽扎缚在头上，大喊大叫，狂蹦乱跳，这便是人类最早的社火。另据梁中元《陇东采风·社火》记载，陇东民间社火和全国各地社火一样，从内容和形式上有共同的特点，产生的年代可以追溯到远

古时代。那时候人们为了祈福消灾、驱恶避邪，"击器而歌，拊掌而舞，祈于天地，以其吉也"（《风俗通义》）。传说那位怒触不周山的共工有个儿子死后变成了瘟疫鬼，到处散布瘟疫，这个瘟疫鬼啥都不怕，就怕响器烟火，故产生了击器而歌、燃放烟火以消灾祈福的民俗。社火起源于火，发展于社。远古时代，火的出现，结束了人们茹毛饮血的荒蛮生活，人们对火奉若神明。因此，每遇灾害、瘟疫就"施烟火及作金刚力士以逐疫"。

社火这一古老的习俗一直沿袭至今，随着人类的进步，时代的演变，其形式、内容发生了质的变化，新的时代赋予社火以新的内容。如今，社火从根本上摒弃了对"神"的崇拜和对祖先的祭祀，纯粹演变成了一种内容健康、形式活泼、名目繁多、生动有趣的文化娱乐活动，同时，也成为一种新的民俗。

民俗文化：是黄河文化、黄土高原文

化、中原文化的融合体，在居住、饮食、服饰等方面都有浓郁的地方风俗特色。其中窑院既是我国上古时穴居的遗风，又代表了黄土地窑洞居住的风

土人情，具有独特的魅力。天井窑院，俗称地坑院，早在四千多年以前就已经存在了，现在河南三门峡、甘肃庆阳及陕西的部分地区还有分布。其中河南三门峡境内的窑院保存得较好，至今仍有一百多个地下村落，近万座天井院，依然保持着"进村不见房，闻声不见人"的奇妙地下村庄景象。其中较早的院子有二百多年的历史，住着六代人。

地坑院，顾名思义就是在地上挖个大坑，形成天井，然后在坑的四壁上挖出洞穴作为住宅。这种住宅冬暖夏凉，是老百姓根据当地的气候条件，特别是干旱少雨的情况和土质状况创造出来的一种具

有地方特色的居住形式，表现出先民们的智慧。

天井窑院一般为独门独院，也有二进院、三进院，即多个井院联合。进入村内，只闻人言笑语、鸡鸣狗叫，却不见村舍房屋，"进村不见人，见树不见村"就是它的真实写照。有人称它是"地下的北京四合院"。过去，村民对修建窑院十分重视，修建前必请阴阳先生察看，根据宅基地的地势、面积，按易经八卦决定修建哪种形式的院落。一般分四种类型：一是东震宅。长方形，凿窑8孔，南北各3孔，东西各1孔，门为正南方，厨房设在东南；二是南离宅。长方形，共凿窑8至12孔，门为正东

方，厨房设在东南；三是西兑宅，群众叫西四宅。正方形，凿窑10孔，东西各3孔，南北各2孔，门走东北方，厨房设在西北；四是北坎宅。长方形，凿窑8至12孔，门走东南方，厨房正东，东西南北各按易经八卦排列。主窑高3-3.2米，可安一门三窗，其余为偏窑，高为2.8-3米，一门二窗。窑洞深7-8米，宽3.2-3.5米。

窑洞建筑具有坚固耐用、节省资金、冬暖夏凉、挡风隔音、防震抗震的特点。冬季窑内温度在10°C以上，夏天保持在20°C左右，中午、晚上休息还要盖上被子, 人们称它是"天然空调, 恒温住宅"。
窑内安装电视, 接收性能良好。随着人们
生活水平的日益提高, 农村住宅也得以改
观, 不少农民修建了二层别墅式的小楼。
但天井窑院的许多独特优点是它取代不
了的, 所以至今很多的当地人仍然住在天
井窑院里。现在当地政府已经在此开发了
天井窑院"农家乐"旅游项目。

(二) 源远流长的人文文化

1.历经沧桑的文化遗产

函谷关不仅是我国古代的军事要
塞, 而且也是我国古代政治、经济、文化
发展重地。秦孝公时, 商鞅自函谷关入

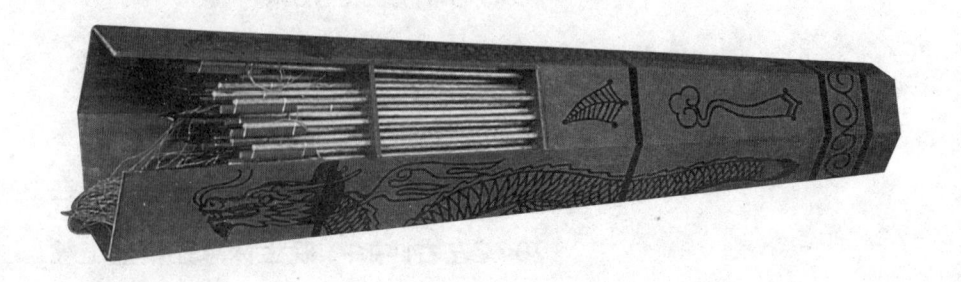

秦，辅佐孝公变法，使秦国富民强。战国时，张仪提倡合纵连横之说，往返于函谷关内外，游说列国。昭襄王四十年，魏国策士范雎，更姓易名，混过函谷关，终于出任秦相国，辅佐昭襄王完成霸业。

函谷关为世人留下许多宝贵的文化遗产，围绕着这座重关名城流传着"紫气东来""老子过关""鸡鸣狗盗""公孙白马""一丸泥""终军弃繻""玄宗改元""仙丹救民"等历史故事和传说。历代帝王将相、文人骚客、达官名流，还写

下了不计其数的诗、词、赋、碑记、论著等。

自汉代至明、清，流传下来的有关函谷关的诗篇达数百首之多，其中有唐太宗李世民、唐玄宗李隆基、贵妃杨玉环的诗篇，还有李白、杜甫、白居易、刘禹锡、岑参、韩愈、韦应物、元好问、李清照、辛愿等诗文巨匠的杰作。游历函谷关的历代文人墨客都留下了自己对于这座千古雄关的赞叹，以及对在这里发生的重大历史事件的感悟。

古代歌咏函谷关的诗赋极多，其中比较知名的有《入潼关》（唐·李世民）、

《奉和圣制经函谷关作》（唐·张九龄）、《函谷关歌，送刘评事使关西》（唐·岑参）、《经函谷关》（唐·韦应物）、《秋晚度废关》（唐·李行言）、《社日关路作》（唐·白居易）、《函谷关》（唐·胡曾）、《出关怀古》（明·郭登）、《秦王扫六合》（唐·李白）、《潼关吏》（唐·杜甫）、《出关路》（唐·白居易）、《出关》（唐·杜牧）、《出关宿盘豆馆对丛芦有感》（唐·李商隐）、《古函关》（唐·皮日休）、《函谷关》（清·续范亭）、《函谷紫气》（清·杨浩）、《老子故宅》（唐·李隆基）、《老子故宅》（明·许进）、《函关鸡鸣》（清·王道晖）、《函关鸡鸣》（清·许春台）等。

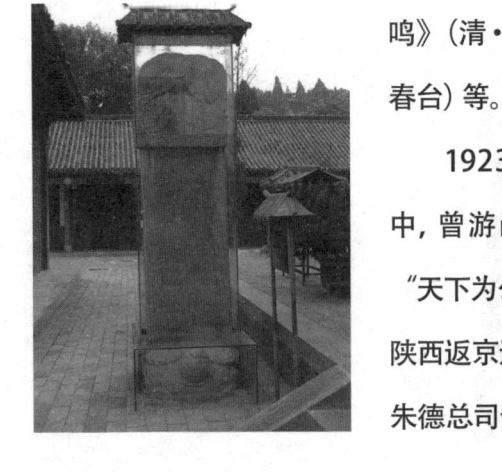

1923年初秋，康有为从西安返回途中，曾游函谷关，为魏函谷关城楼题写"天下为公"四字。1924年8月9日，鲁迅自陕西返京途中，曾游览函谷关。1938年10月朱德总司令路经函谷关奔赴抗日前线。

2.弥足珍贵的碑刻

庙院现存元代、清代石碑两通,分别记载了老子骑青牛过函谷关的故事。

1988年秋,函谷碑林建成,碑林总占地面积4000平方米,南北长100米,东西宽40米。碑林主要集中了从函谷关附近各处搜集来的古碑,唐、宋、明、清都有,约七十通。其中较珍贵的碑刻有三通,分别为明代吏部尚书许天官夫人墓志碑、杨仲嗣墓志碑、灵宝金矿石地震碑。更多的还有当代书法大家、名人吟咏函谷关诗文的新碑。碑林内容丰富、涵盖面广。

五、函谷关的历史典故

（一）鸡鸣狗盗

春秋战国时期，有四个人被称作"四君子"。他们分别是：齐国的孟尝君、魏国的信陵君、赵国的平原君、楚国的春申君。其中以孟尝君的名气最大，据说投在他门上的食客有三千多人。他好客喜贤的名声传遍了列国，秦昭襄王打算请孟尝君到秦国做丞相。

孟尝君经过深思熟虑，决定到秦国去做丞相。孟尝君到秦国后，向秦王献出了稀世珍宝——白狐裘。秦王深知白狐裘的珍贵，很得意地在宠妃燕姬面前夸耀。

秦王请孟尝君做丞相，令秦国的一些大臣很不安，他们害怕因孟尝君的到来使自己的地位受到威胁，便纷纷在秦王面前说孟尝君的坏话，希望秦王杀掉孟尝君。秦王的心有所动摇，就将孟尝君软禁了起来。孟尝君遭此困境，他开始考虑怎么逃出秦国。

秦王有个最受宠爱的妃子，就是前文提到的燕姬。孟尝君派人去求她救助。妃子答应了，条件是拿齐国那件天下无双的白狐裘做报酬。这可叫孟尝君作难了，因为刚到秦国时，他便把这件白狐裘献给了秦昭襄王。

孟尝君和众门客面面相觑，一筹莫展。正在焦急之时，一个擅长偷盗的门客表示能够将白狐裘从王宫里弄出来。

当天晚上，那个门客装扮成狗，从狗洞里爬进王宫，找到库房大门，学狗叫骗过看守，盗出了白狐裘，献给了燕姬。燕姬非常高兴，乘着夜宴之际，劝说秦王放了孟尝君。

孟尝君得到过关文书后，立即带领门客启程，赶到函谷关时，正是夜半时分。秦国的法律规定：日落闭关，鸡鸣开关。孟尝君怕秦王反悔，派追兵赶来，急得如

热锅上的蚂蚁。忽然一位擅长口技的门客跑到函谷关附近的山丘上，学起了鸡叫，其声音真切响亮，引得关内外雄鸡都叫了起来。关吏听到鸡叫，以为天亮了，糊里糊涂开了关门，验了文书，放孟尝君一行出关去了。这就是广为流传的"鸡鸣狗盗"的故事。

(二) 公孙白马

战国时期，诸子百家，纷纷立论，互相争鸣，使我国古代哲学思潮非常活跃。当时赵国的平原君门客中有一名叫公孙龙的，想到秦国去。那时赵国一带的马，正流行一种烈性传染病。秦国得知后，在其东大门的函谷关贴出告示："凡赵国的马概不得入关。"这天，公孙龙骑着白马，来到

函谷关，验过符节就要过关。关吏拦住说："你人可以过关，但马不能过关。"公孙龙不悦，说："马不能过关。白马非马，怎能不让过呢？"关吏说："白马也是马呀！"公孙龙说："难道我公孙龙就是龙吗？"关吏被问愣了。公孙龙又说："白马者，马与白也，或白与马也，譬如说要马，给黄马、黑马都行，但要白马，给黄马、黑马就不行了。这说明白马和马是两回事，也就是说白马就不是马，为什么不能过呢？"关吏还没明白过来，他就骑着马过了函谷关。不久，关令知道了此事，决心要治治他。后来，公孙龙从秦国返回，出关这天，关令故意站在关前。公孙龙被验过符后，关令不叫公孙龙过关，说："你要出关，请到别处过。"公孙龙说："自古从赵国到秦国，这个关是必经之路，我不从此过，还能从哪过？"关令说："这里是函谷关，不是你说的关。"公孙龙苦笑着说："函谷关怎么不是关呢？"关令说："先生不是说过'白马非马'吗？"这时公孙龙才意识到遇到了对手，但又怕误了赶路，便跪在关令面前哀求，最后过了函谷关。"白马非马"的争论是当时哲学上一件很重大的事情，说明我国古代思想家开始思考一般和个别的关系问题。

(三) 玄宗改元

唐玄宗李隆基登基后，就想着炼丹成仙，有许多方士道人因奉献丹药，全家升迁。当时陈王圭府有一个参军，叫田同秀。一日早朝时，说他晚上梦见太上老君在函谷关丹凤楼会见了他，老子告诉他说在他著经的地方，埋有一个桃符，谁能得到它，谁就能得天下。玄宗听后，马上命田同秀带人到函谷关老子著经的地方，掘地三尺，挖出一个桃符，上面刻着一个奇怪的字，众臣解释为四十八，说老子可保佑玄宗坐四十八年天下。玄宗大喜，随即改开元年号为天宝年号，立老子为太上玄元皇帝，改桃林县为灵宝县。

(四) 终军弃繻

汉景帝于公元前153年复置函谷关，下令用"繻"作为出入关卡的凭证。公元前140年，汉武帝刘彻诏举贤士。当时济南有一名叫终军的人才华横溢，18岁时就被选为博士弟子，与少年才子贾谊齐名，并称为"终贾"。一天，他从济南步行赶往长安，行至函谷关，关吏验过繻后，交还给他，他弃之而行。关吏笑他无知，他说，大丈夫过关图个功名，不再用这一般人用的繻。后来，终军果然得到了汉武帝重

用，任南越大使。重过函谷关时，关吏认出了他，说这就是当年弃繻过关的孩子，随从大呼："这是出使南越的大使，不许胡说。"关吏大惊，忙跪拜送出关门。以后，灵宝人教育孩子都会说："要长进，学终军。"

（五）一丸泥

"一丸泥"就是一粒泥丸的意思。《后汉书·隗嚣公孙述列传》中记载了这

样的事情：新莽末，隗嚣为西州上将军，割据陇西。后来他想要归降刘秀，他的主帅王元主张据隘自守，与隗嚣说："请你拿一粒泥丸，把函谷关东面封上。"函谷关位于今河南灵宝，谷的形状像一个盒子，所以称为"函谷"，古代时为东西交通要塞，是兵家必争的关隘。王元却说一粒泥丸就可封住函谷关，好似开玩笑一般把这件事说得如此轻而易举。试问一下，封关何用"丸泥"呢？一粒小小的泥丸，又怎么可能封住关隘呢？

在书信史上的检牍时代，想要封住信口，需要泥，以泥封检，叫作"泥封"。这样的泥就称为"封泥"。王元的意思是说扼守函谷关，就好似拿泥巴封住信口那么轻而易举。

用泥封住信口的时候，多是在信上刻出一个方形浅槽，用来藏住封泥，称为"印齿"。也有不刻印齿的，叫平检，泥就封在检上。

泥封用的绳子，也很有讲究。要是用于封检，绳子要细而圆；要是封囊，绳子应该扁而且宽。颜色也有区别。

封泥，是用一种特产黏土制成。汉制，天子玺封，用紫泥。紫泥产于武都（在今甘肃省西和县境），故皇帝诏书又

叫"紫泥书"。东汉邓训为护羌校尉，政绩突出，喜欢用青泥做封。青泥产自赵国易阳（今河北省永年县），羌民自愿推鹿车行走千里去采集青泥，来报答他的恩德，一时间传为佳话。

封泥的制作，因用途不同，填料也不同，还有添加香料的。所以封泥又有"金泥""芝泥"之称。诗文中多以"芝泥""封检"代称书信，于是又衍生出有关书信的多种雅称。这些雅称，今日已经很少使用，但是"芝泥"一词犹存。用一粒小小的泥丸封住险峻的关隘，恰恰说明关隘独特有利的军事地理位置——以极少的力量，便可以防守。

六、函谷关的名胜古迹与出土文物

(一) 函谷关的名胜古迹

目前函谷关已被辟为古文化旅游区，其主要文物古迹有：

1.函谷关东门关楼

函谷关东门又称丹凤楼，位于函谷关古道东端、东城墙的中部，依弘农涧河而筑。遗址南北长60米，东西宽50米，呈凹形，坐西向东，控制着入关的要道。据专

家对中国汉代石像画考证认定, 东城楼为
双门楼三层建筑, 楼顶各饰丹凤一只。楚
汉之争中, 原关楼被项羽所焚。现关楼是
1992年投资三百余万元, 依照四川省成都
市青羊山出土的汉像砖古函谷关楼图重
建。

2.函谷古道

东起宏农涧西岸的函谷关东门, 横穿
关城向西, 由王垛村的果沟、黄河峪、狼
皮沟至古桑田 (今稠桑), 全长15公里, 是
这一带唯一的东西通道。谷深50-70米,

谷底宽10米左右，窄处只有两三米，谷岸坡度40-80度，谷底有蜿蜒道路相通，崎岖狭窄，空谷幽深，人行其中，如入函中。关道两侧，绝壁陡起，峰岩林立，地势险恶，地貌森然。古书上说函谷关道"车不方轨，马不并辔""一泥丸而东封函谷"。近年，村内一农民在田间劳动时，曾挖掘出一具古代人骨，发现其身上中箭十多处，经文物部门鉴定，死者身上的箭镞为战国时期制品，可见当时战争之一斑。

3.战国井式箭库

在函谷关东城门右侧城墙下端，有一直径0.9米竖井窑穴式兵器仓库，是在1986年7月发现的，是战国时守关官吏储藏兵器的箭库。箭库像一口旱井，里面放着一捆捆的箭，约两立方米，箭头是铜质的，箭杆是铁质的，很轻，已经锈在一起，不能分开。此箭库为研究战国时期的兵器提供了重要依据。

4.尹喜故宅遗址

相传为尹喜的寓所。尹喜，春秋时代人，素识天象，曾为函谷关关令。传说他曾在此接待老子。唐开元十九年（731年），陈王府参军田同秀（桃林县人）为献媚皇上，进言玄宗皇帝说天降灵符于函谷尹喜故室，玄宗即遣人去挖掘，果然掘得"灵符"。玄宗大喜，以为这是老子对他的恩赐，遂将年号"开元"改为"天宝"。

尹喜，周昭王时为函谷关令。少好坟（三皇之书）、索（八卦之书，书名）、素（《太公素书》）、易（《易经》）之书。善天文秘纬，仰观俯察，莫不洞彻，不行俗礼，隐德行仁。后因涉览山水，十维州终南山周至县神就乡闻仙里结草为楼，精思至道。因以其楼观星望气，故号其宅为楼观。周王闻之，拜为大夫，后复召为东宫宾友。

尹喜为函谷关关令时，见东方有紫气西迈，知有圣人将至。不久老子驾青牛薄板车至函谷关，遂迎入官舍，北面师事之。居百日，尹喜以疾辞官，复迎老子归楼观本宅，斋戒问道，并请老子著书，以

惠后世。于是老子乃著道德五千言以授之。老子遂去，不知所终。

之后，尹喜乃弃绝人事，按老子所授经法，精修至道。三年后，悉臻其妙。乃著《关尹子》九篇，发挥道德二经，《庄子·天下篇》概括其思想为："以本为精，经物为粗，以有积为不足，澹然独与神明居。"《吕氏春秋》谓："老聃贵柔，关尹贵清。"东晋道教理论家葛洪对《关尹子》推崇备至。认为：方士不能到，先儒未尝言，可仰而不可攀，可玩而不可执，可鉴而不可思，可符而不可说。《关尹子》在《百子全书》中列在《道德经》前，可见其书的分量了。

魏晋梁湛所著《楼观本起内传》称：历代时君世主相继在尹喜故宅楼观台建庙立观，招致幽人逸士度为道士。战国秦汉间有名姓可考者有尹轨等十二人之多。至魏晋南北朝时，北方道士云集楼观，形成了中国道教奉老子为祖师的楼观派，一直延续至今。现在，周至楼观台为闻名于国内外的道教丛林。

天水市东伯阳渠早在元代就建有老子、尹喜的道观。奉祀老子的道观称柏林观，又有讲经台。山后十余里有尹道寺，称"尹喜故里"。其殿前有楹联一副，曰："华章九篇入百子，经文五千诵道德。"可谓对尹喜思想的恰当概括。

5.鸡鸣台，又叫田文台。

　　周赧王十七年（公元前298年），据《史记·孟尝君传》载，秦昭王拜齐国田文（孟尝君）为相，因听信谗言，欲杀田文。孟尝君的门客用"狗盗"之术偷偷潜入皇宫，盗取了已经献给昭王的白狐裘，贿送给昭王的宠妃燕姬，才最终得以逃脱。孟尝君日夜兼程来到函谷关，关门已经关闭了。按秦国法律鸡叫后才能打开关门。孟尝君的门客有个能学鸡叫的，引得关内金鸡齐唱，诈开关门，脱险出关。秦王追兵到函谷关，早不见田文踪影。现存遗址面积一千五百余平方米，地下有古代土层及建筑构件，地上亭台为1989年秋重建。1996年7月，函谷关镇投资七万元，修建鸡鸣狗盗演示厅，游客通过演示，预兆命运能否会像田文一样化险为夷，吉（鸡）祥如意。成语"鸡鸣狗盗"的故事就发生在这里。重建的鸡鸣台传说就是当年田文门客学鸡叫的高埠。

6.望气台，又叫瞻紫楼。

传说是函谷关关令尹喜登高望远、观察天象之地。"紫气东来"这一成语源出于此。唐代大诗人杜甫《秋兰》诗中有"西望瑶池降王母，东来紫气满函关"之句。后人为纪念他，便将尹喜登高望远的土山起名为望气台。唐时在上面修建了三

丈多高的"瞻紫楼"。此楼民国年间毁于兵火，现在所能看到的是近年修建的仿古建筑。

7.太初宫

位于函谷关东城门右侧。传说，尹喜迎候老子到函谷关，行以师礼，恳求老子为其著书，老子便在此写下了《道德经》五千言。这部蕴涵丰富的著作对后世影响很大（也有人认为是后人托名之作）。为了纪念这件事，后人便在老子著经的地方修筑了太初宫，曾是一座道观。

太初宫为殿宇式古典建筑。殿脊和山墙檐边上塑有麒麟、狮、虎、鸡、狗等珍禽异兽，神形兼备。殿顶飞梁纵横，橡檩参差，虽然屋架复杂，但却自成规矩。殿宇宽阔，中无撑柱。史载，太初宫始建于西周。现存太初宫主殿建于唐以前，元、明、清各代均有修葺。庙院现存石碑两

通，一通立于元大德四年，一通立于清顺治年间，上面都记载着老子骑青牛过函谷关的故事。

据元大德四年、清顺治十年的《重修太初宫》碑文记载：周，昭王二十五年，关令尹喜望东方有紫气，知有异人通过，整日恭候，果见老子驾青牛薄奋自东而来，即应邀留居，著《道德经》五千言以传于世。《道德经》提出了一个以道为核心的思想体系，具有丰富的朴素辩证法思想，保存了许多古代天文、生产技术等方面的资料，还涉及军事和养生之道。"意为先天一气浑成者，名为'太初'。后人即宅而观曰'太初宫'。宋崇宁四年（1105年），有甘露降真武殿后，乃敕修宇行廊，改为"太初宫"。嗣后历遭兵火，断简残碑几乎荡然无存……"这些记载比较清楚地说明了"太初宫"的由来和变迁。为了纪念这件事，后人便在老子著经的地方修筑了太初宫，现址上的太初宫正殿保留有唐、元、明、清建筑构件。

8.函谷夹辅

位于灵宝市城北17公里的孟村旧村的小谷里，南距古函谷关约两公里。夹辅外形像炮楼，砖木结构，城门式建筑。分内外二重门，外门口上，青砖镌刻"函谷夹辅"四字。城门上系二层歇山顶式四角楼。目前除北边房顶和部分部件有损坏

外，基本上保存完整。据鉴定，现存建筑建于明代，清代重修。

9.函谷碑林

函谷碑林修建于1988年秋，碑林南北长100米，东西宽40米，占地面积4000平方米，有石碑62通。其中不但有从灵宝各地搜集来的古碑，如宋代的法制碑、唐代的地震碑、杨贵妃之兄杨仲嗣的墓志碑、明代吏部尚书许天官夫人的墓志碑等，而且也有近现代书法名家书写名人吟咏函谷关诗文的新碑，如：清代康有为给当时的灵宝县长写的条幅石碑、李向阳原型的笔文碑等。

10.关城遗址

关城遗址：据史书记载和文物钻探考证，古函谷关关城为不规则长方形，用长、圆、平夯夯打而成。东城墙沿宏农涧河岸蜿蜒起伏，长1800多米；西城墙沿衡岭塬而筑，长900-1000米；南城墙长180多米。

（二）函谷关的出土文物

函谷关现有陈列室，主要陈列古函谷关上自新石器时代，下至明清出土的珍贵文物。以春秋战国及秦汉为主，有兵器、建筑材料、生活用品、生产用具、钱范货币等。

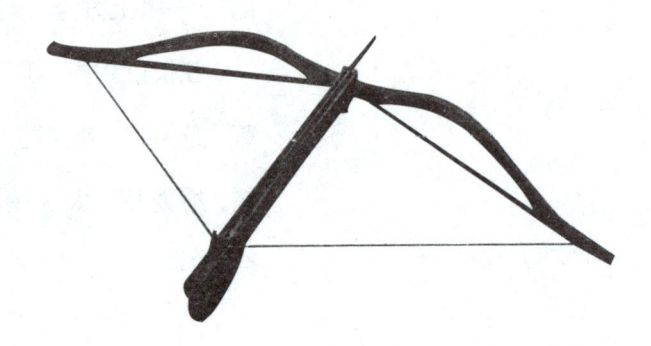

1.兵器

春秋时期，青铜剑两柄，三棱无出血槽箭镞数十枚。战国时代，弩机一只。

2.建筑材料

春秋时代的卷云纹瓦当，战国时代上饰"中候"的瓦当，汉代上饰"千秋万岁"的瓦当。汉代五边形排水管道、汉砖、绳纹瓦等。

3.生活用品和生产用具：石条、陶豆、鼎、铜镜、石磨等。

4.货币和交通传符：在函谷关丹凤楼内发现有大批制币用的钱范，以"五株""汉小钱"最多，并存有大泉五十、汉半两、货泉等。另外还陈列有两枚泥质方形、阳文篆书的封泥，一枚为"新安右尉"，一枚上方为"嘉呈"。

5.仪仗用具：陈列有清代木制方天画戟、龙头拐、朝天蹬、偃月刀、如意剑、宝塔、缠龙棍、太极图、铖斧、金瓜等二十余件。

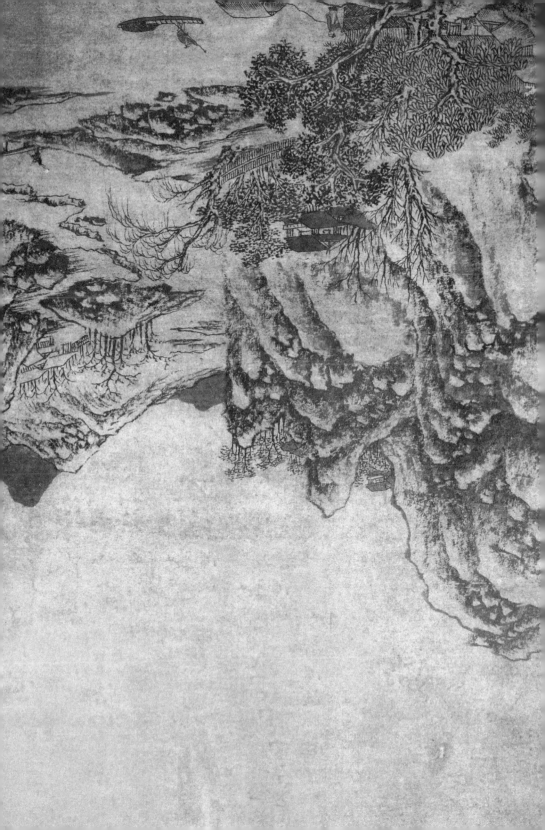